EGC Arquitetura

Novas Tecnologias

EGC Arquitetura

Duplex Top Tower

ARQUITETURA COMENTADA

Renato Schroeder

Ateliê Editorial

GIRO

Copyright © 2003 by Ateliê Editorial

ISBN 85-7480-220-4

Direitos reservados à

Ateliê Editorial
Rua Manuel Pereira Leite, 15
06709-280, Granja Viana, Cotia, SP
Telefax (11) 4612-9666
www.atelie.com.br

Impresso no Brasil 2003
Foi feito o depósito legal

Sumário

Editorial   7

Duplex Top Tower   11

EGC Arquitetura   38

Editorial

A coleção *Arquitetura Comentada* dedica-se a mostrar ao leitor o processo que envolve o fazer arquitetônico. Entendemos por arquitetura a fusão integrada de vários objetivos e soluções das muitas áreas que envolvem um projeto: os aspectos projetuais, estruturais, de instalações, comerciais, técnicos, mercadológicos, legais, geotécnicos, paisagísticos, além da própria engenharia de obra.

Um assunto ainda muito pouco explorado, apesar da relevância para a indústria da construção, é a nova geração de pré-fabricados. Hoje, no Brasil, temos acesso a tecnologias que permitem acrescentar ao pensamento racional arquitetônico, elementos construtivos – produzidos pela indústria – que se integram tecnicamente, possibilitando uma construção que pressupõe uma montagem de peças e elementos.

O uso de pré-fabricados impõe o conhecimento técnico profundo de cada item empregado e a consciência de que será preciso trabalhar em equipe desde o desenvolvimento da idéia inicial, para que os projetos de arquitetura, estrutura, esquadrias, instalações e ar condicionado sejam compatíveis. Cabe ao arquiteto coordenar a combinação de sistemas verificando itens como modulação e os *inserts* de fixação, para evitar dificuldades no canteiro.

Em meados dos anos 90 algumas construtoras pioneiras começaram a utilizar painéis de gesso acartonado com vedação interna. Aos poucos, sistemas complementares disponibilizaram-se no mercado, como painéis pré-moldados de fachada, tubos flexíveis para instalações, elementos plásticos para a vedação de *shafts* e pisos para *box*, carenagens para *kits* de hidráulica, louças sanitárias integradas além de novos conceitos estruturais compatíveis com estes sistemas.

Estes sistemas integrados revelaram inúmeras possibilidades: Maior controle acústico, térmico, resistência mecânica e ao fogo – são possíveis integrando os painéis de gesso a outros recursos – liberdade formal para o arquiteto e flexibilidade nos *layouts*, facilitando modificações de acordo com o desejo do usuário.

Com precisão técnica os sistemas integrados resultam em obras com maior limpeza em todo o percurso, maior controle do cronograma físico-financeiro, organização, controle dimensional do projeto.

O terceiro volume da coleção *Arquitetura Comentada*, aborda esta temática através do Duplex Top Tower do escritório EGC Arquitetura.

Elizabeth Goldfarb e Wilson Marchi Júnior tornaram-se conhecidos pela racionalidade de seus projetos, uma qualidade que independe do padrão, estilo ou destinação das obras. No mercado há quinze anos, projetaram mais de 350 edifícios, em sua grande maioria condomínios residenciais verticais e horizontais, onde têm como grande desafio a realização de um projeto honesto com pouco recurso financeiro.

O Duplex Top Tower – premiado em 2002 pela Associação Brasileira de Escritórios de Arquitetura – foi um dos primeiros empreendimentos no segmento duplex a utilizar paredes de gesso acartonado e sistemas de tubulação não rígidas para água.

Parceiros

A realização desta edição foi possível com o patrocínio da InPar, Abyara, Placo, Portobello, Deca, Gera Engenharia e Martha Gavião Paisagismo, profissionais responsáveis pela materialização do projeto.

A Giro Consultoria em Projetos Culturais tem como objetivo viabilizar as diversas expressões culturais que reafirmam a relevância da arquitetura e sua teoria como campo de conhecimento indispensável para a sociedade de hoje.

Duplex Top Tower

Renato Schroeder[1]

Olhando o Duplex Top Tower da Avenida Rebouças, na divisa entre o Jardim América e o bairro de Pinheiros, chama atenção a volumetria escalonada, os arcos de concreto, os panos e grelhas pintados de cinza e azul, cortados por empenas revestidas de cerâmica com dois tons – azul-royal e cinza-metálico – num desenho emoldurado. De perto, as peças cerâmicas dez por dez centímetros marcam os terraços, as divisas entre terraços e as áreas de serviços, cadenciando o ritmo das fachadas.

Enfim, cabe a questão: estamos diante de um caso de busca por uma identidade? Os volumes, corés, grafismos, as transições entre os pórticos inferiores e superiores estão ali para exprimir a idéia de

1. Antes de ser jornalista, participava de discussões arquitetônicas com Artigas e Lúcio Gomes Machado, nas tardes de sábado, na casa do arquiteto Ruy Gama. Entre 1997 e 2001, colaborou com várias revistas de arquitetura, design, interiores e paisagismo. Foi editor das revistas *Construção* e *AU*, da editora Pini.

força com tecnologia? Parece que sim. E essa identidade atrai quem? Moradores antenados em *design*, moda e mídia.

A fórmula deu certo? Deu, mas ninguém na EGC vai falar de neo ou pós. Vão dizer que a função não revela a forma, mas busca um acerto das funções. Que as pesquisas mostram a existência de um outro público, mais jovem, mais ligado, contemporâneo, repleto de informações sobre novidades tecnológicas e que quer habitar em locais com facilidade de acessos e abundância de serviços. Ninguém lá vai fazer comentários sobre Pokémon ou mangá mesmo que os elementos da fachada se acoplem ao conjunto como um brinquedo de montar oriental. Nada disso. Vão explicar que o sucesso de um lançamento cria uma família.

E essa família EGC de prédios residenciais *duplex* com fachada escalonada começa em janeiro de

1998 com o Duplex Home, construído na Rua Alves Guimarães, com unidades de um e dois dormitórios. Na Rua Mourato Coelho, no mesmo bairro de Pinheiros, acaba de ser entregue outro representante dessa mesma família. Inspirados nos *lofts* nova-iorquinos, com ambientes integrados, os *duplex* variam nos padrões e nas tecnologias construtivas. Mas nem sempre foi assim.

Projetado em setembro e lançado em outubro de 1998, o Duplex Top Tower chegou ao mercado com oito unidades de um dormitório e quatro unidades de dois dormitórios por andar, com áreas privativas de 50 e 74 metros quadrados, sendo que o de um dormitório com terraço descoberto, ocupa 94,50 metros quadrados. Próximo à Avenida Rebouças e à Avenida Brasil, o edifício fica na Rua Francisco Leitão, uma via arborizada, típica da "zona sul" do bairro de Pinheiros. Num terreno de 1380 metros

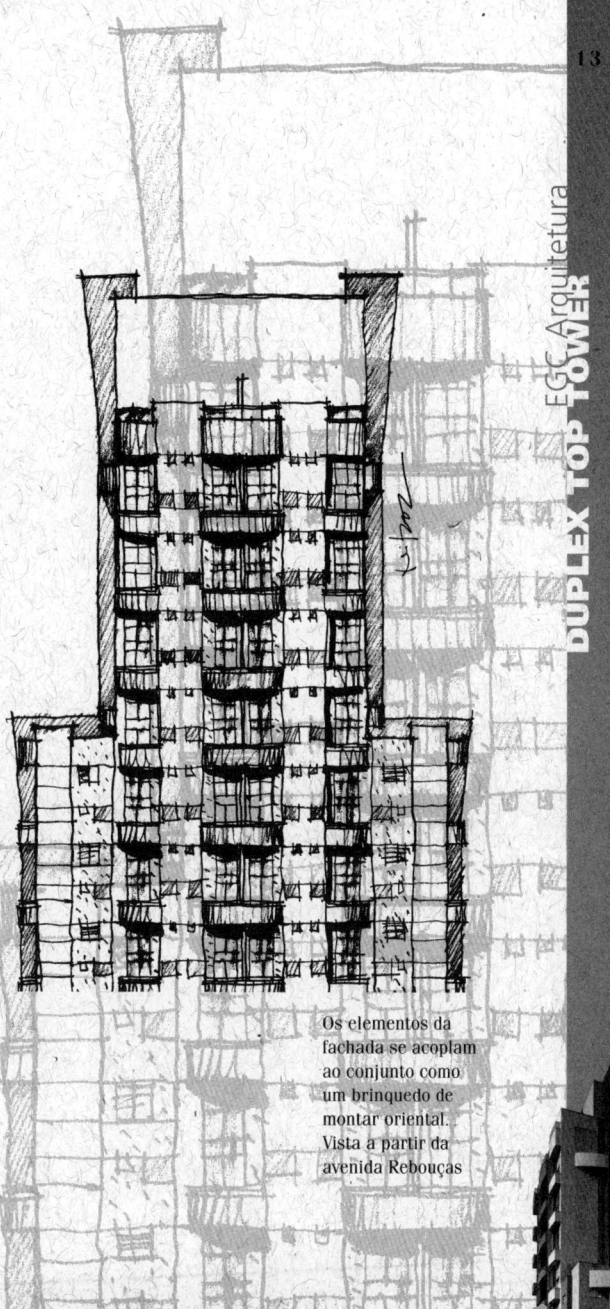

Os elementos da fachada se acoplam ao conjunto como um brinquedo de montar oriental. Vista a partir da avenida Rebouças

Vista da elevação principal. Detalhe do acabamento em cerâmica na parede externa.

quadrados, o desafio de implantar 24 apartamentos de dois dormitórios e oitenta apartamentos de um, todos com pé-direito duplo na área de estar, conduziu à solução de escalonamento em dois volumes.

Evolução natural da quitinete ou do quarto e sala de classe média baixa que habitava a Sé e bairros centrais até meados da década de setenta, o estúdio passou a abrigar os profissionais liberais do topo da pirâmide social, a partir do final dos setenta e começo dos anos oitenta. O "apartamento ateliê" de um dormitório – ainda distante do *home office* conectado à internet de hoje – atraía os primeiros filhos do milagre com poder aquisitivo alto, que queriam abandonar a convivência com a família.

Com uma ou duas vagas na garagem, próximos aos centros econômicos ou de serviços, atendidos por transporte coletivo de qualidade, em bairros nobres como Cerqueira César, Jardins, Itaim-Bibi ou Paraíso, em pouco tempo, o estúdio chegou a atingir valores de mercado superiores às unidades familiares de dois e até de três dormitórios. Esse ímpeto da demanda coincide com o surgimento dos *flats* e dos *apart*-hotéis, trazendo o conceito de praticidade ao ambiente residencial.

Em meados da década de 1980, os *singles* e descasados reagem bem à oferta dos primeiros apartamentos *duplex* em bairros de classe média. Um dos primeiros exemplos, o edifício Ravena, na Vila Madalena, trouxe esse conceito misto de pé-direito duplo, com sala integrada à cozinha e quarto no mezanino. Lançado em julho de 1988, o Ravena oferecia apenas uma vaga na garagem e unidades de um ou dois dormitórios com 54 e 94 metros quadrados de área.

De lá para cá, a super-oferta de *flats* enxugou a metragem das unidades. A curva dessa atividade, para apartamentos *duplex* de um dormitório, mostra que o vale da redução das áreas úteis atingiu a média de 30 metros quadrados, em 2001, o auge da oferta excessiva de *flats*. Mas a atualização habitacional cobra um preço: os valores dos *duplex* continuam em alta e estão próximos até dos preços de unidades de quatro dormitórios.

O escalonamento exige um cuidado maior com as transições no desenho da fachada.

Implantação

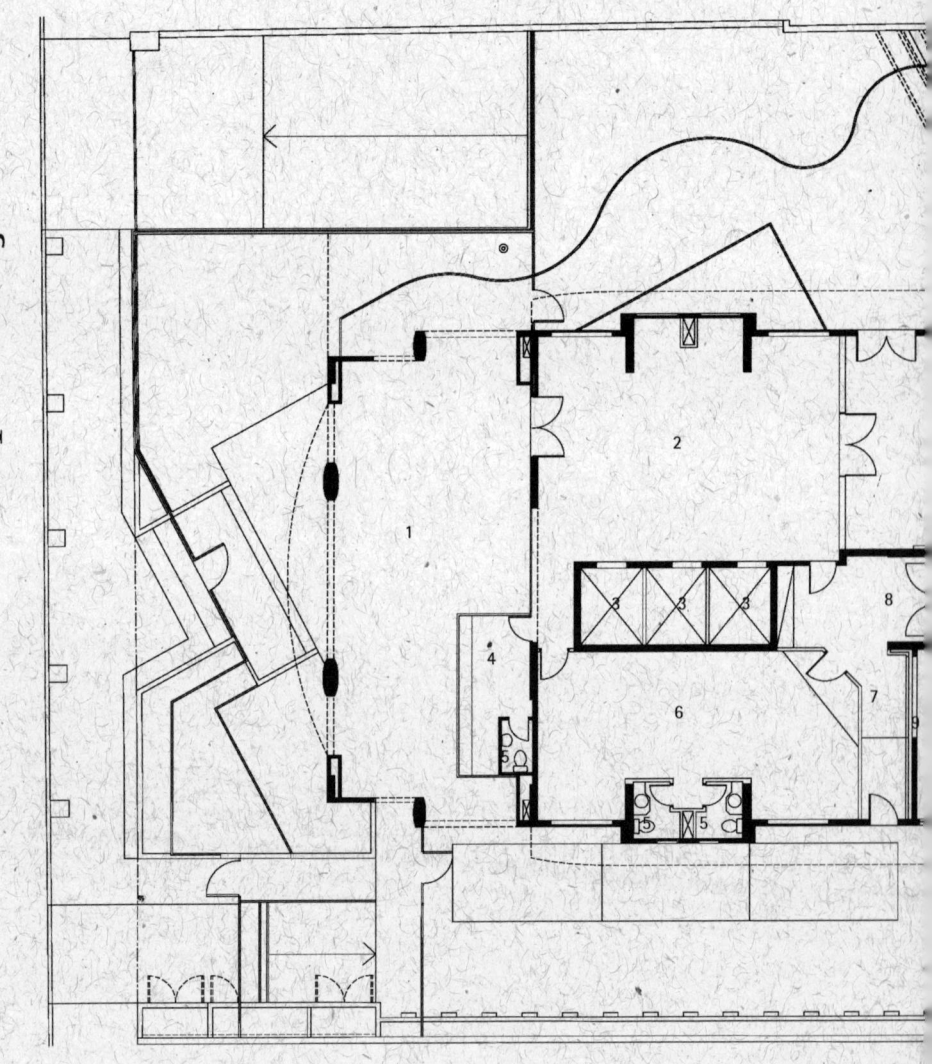

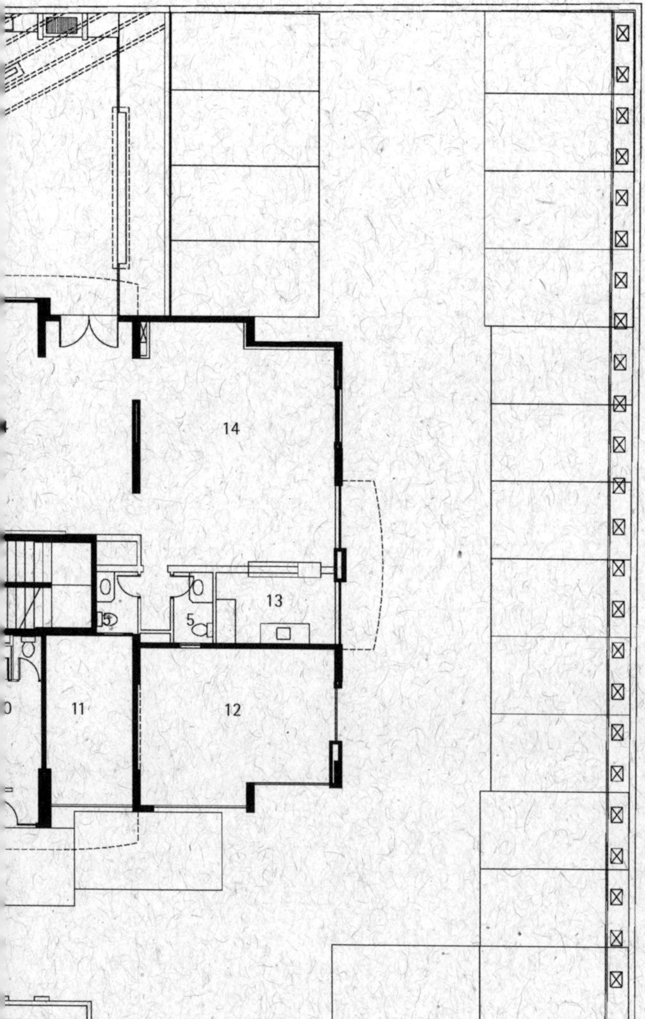

1. Lobby
2. Recepção
3. Elevadores
4. Portaria
5. Banheiro
6. Salão de jogos
7. Circulação
8. Hall de serviços
9. Duto
10. Vestiário
11. Geradora de água quente
12. Reservatórios inferiores / caixa de água de fibra
13. Copa
14. Salão de festas

DUPLEX TOP TOWER EGC Arquitetura

-1 0 2 5 m

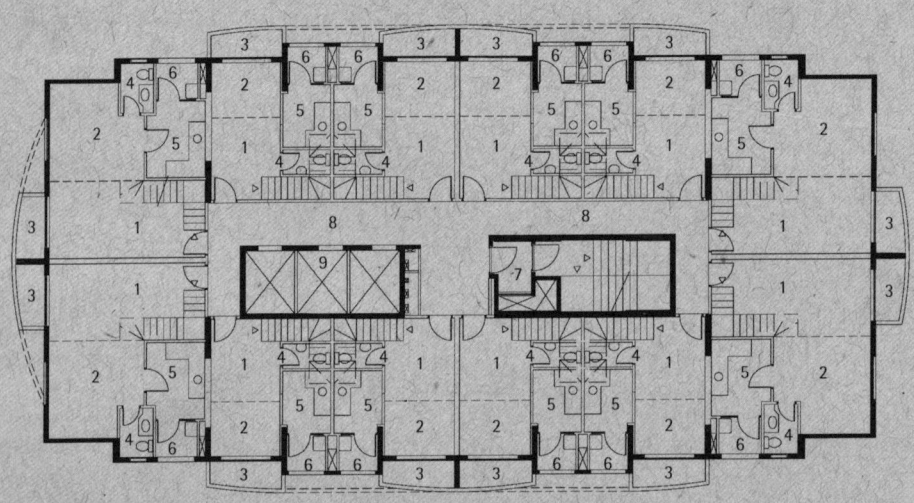

PLANTA
Pavimento duplex inferior
(1º, 3º, 5º, 7º, 9º e 11º)

1. Sala de jantar
2. Sala de estar
3. Terraço
4. Lavado
5. Cozinha
6. Área de serviço
7. Escadas
8. Hall
9. Elevadores
10. Antecâmara escadas

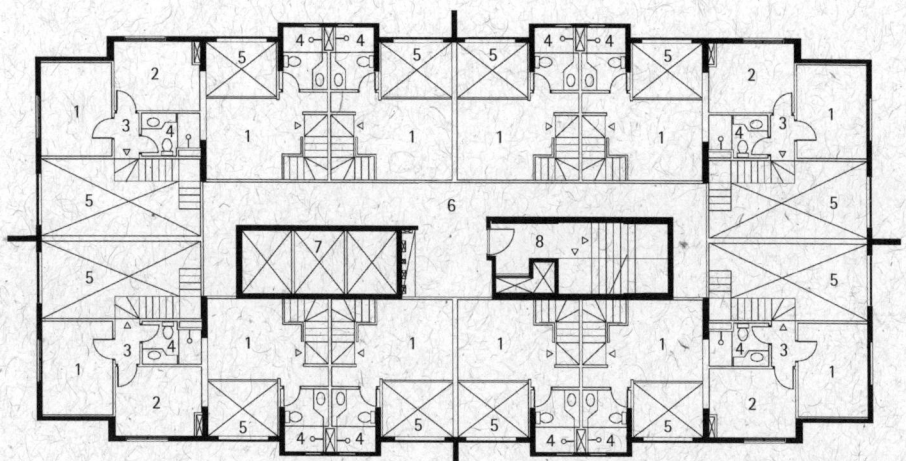

PLANTA
Pavimento duplex superior
(2º, 4º, 6º, 8º, 10º e 12º)

1. Dormitório 1
2. Dormitório 2
3. Circulação íntima
4. Banheiro
5. Vazio
6. Área técnica
7. Elevadores
8. Escada

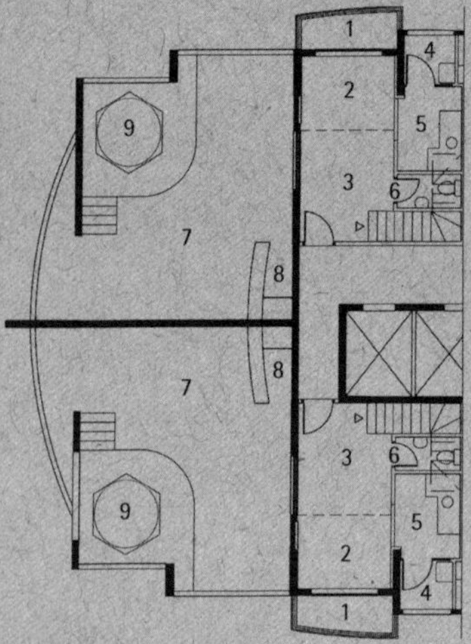

PLANTA
Pavimento duplex inferior
(13º variante)

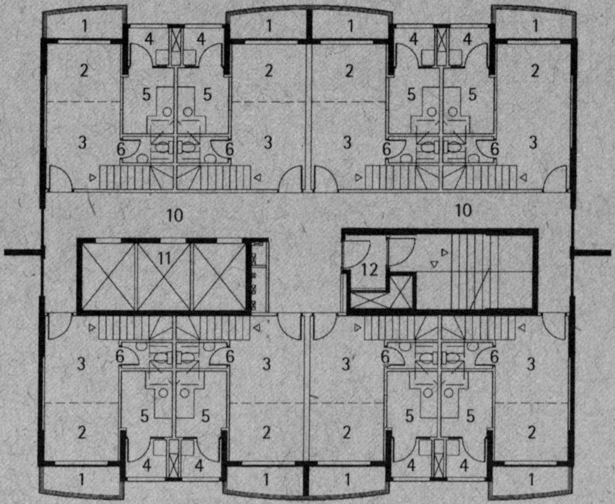

PLANTA
Pavimento duplex inferior
(15º, 17º e 19º variante)

1. Terraço
2. Sala de estar
3. Sala de jantar
4. Área de Serviço
5. Cozinha
6. Lavabo
7. Terraço
8. Churrasqueira
9. SPA
10. Circulação íntima
11. Elevadores
12. Antecâmara escada

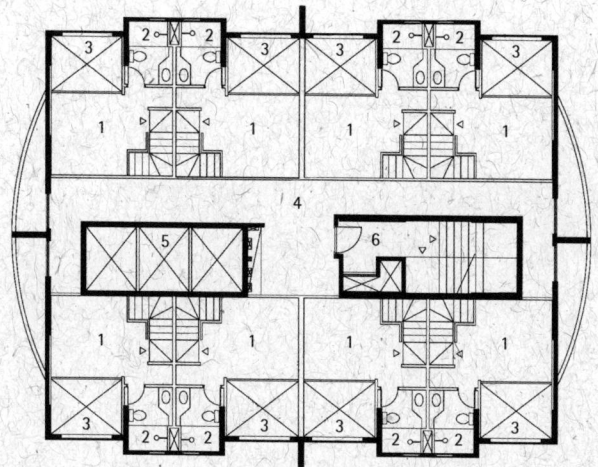

PLANTA
Pavimento duplex superior
(14º, 16º, 18º e 20º variante)

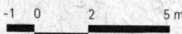

1. Dormitório
2. Banheiro
3. Vazio
4. Área técnica
5. Elevadores
6. Escada

1. Vazio
2. Refeitório
3. Banheiro
4. Elevadores
5. Depósito
6. Circulação
7. Espera
8. Sala do PABX
9. Ar-condicionado
10. Administração
11. Micro
12. Terraço
13. Churrasqueira
14. Academia
15. Descanso da sauna
16. Sauna
17. Vestiário
18. Escada
19. Piscina

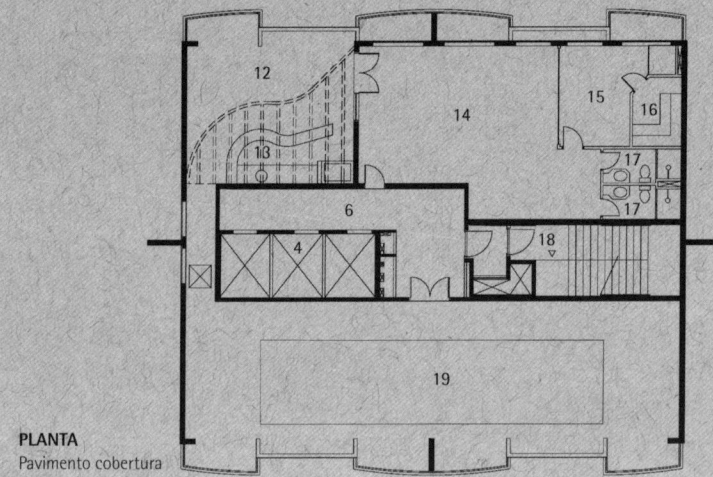

PLANTA
Pavimento cobertura

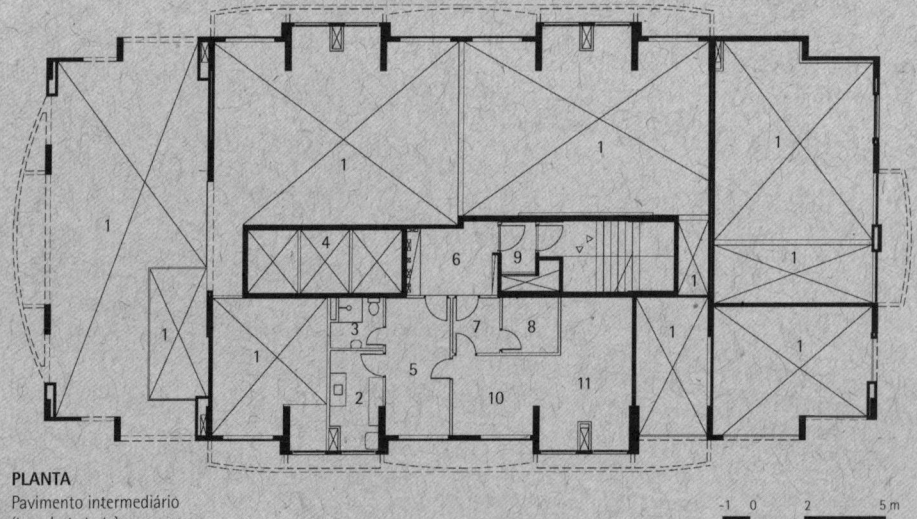

PLANTA
Pavimento intermediário
(lazer/zeladoria)

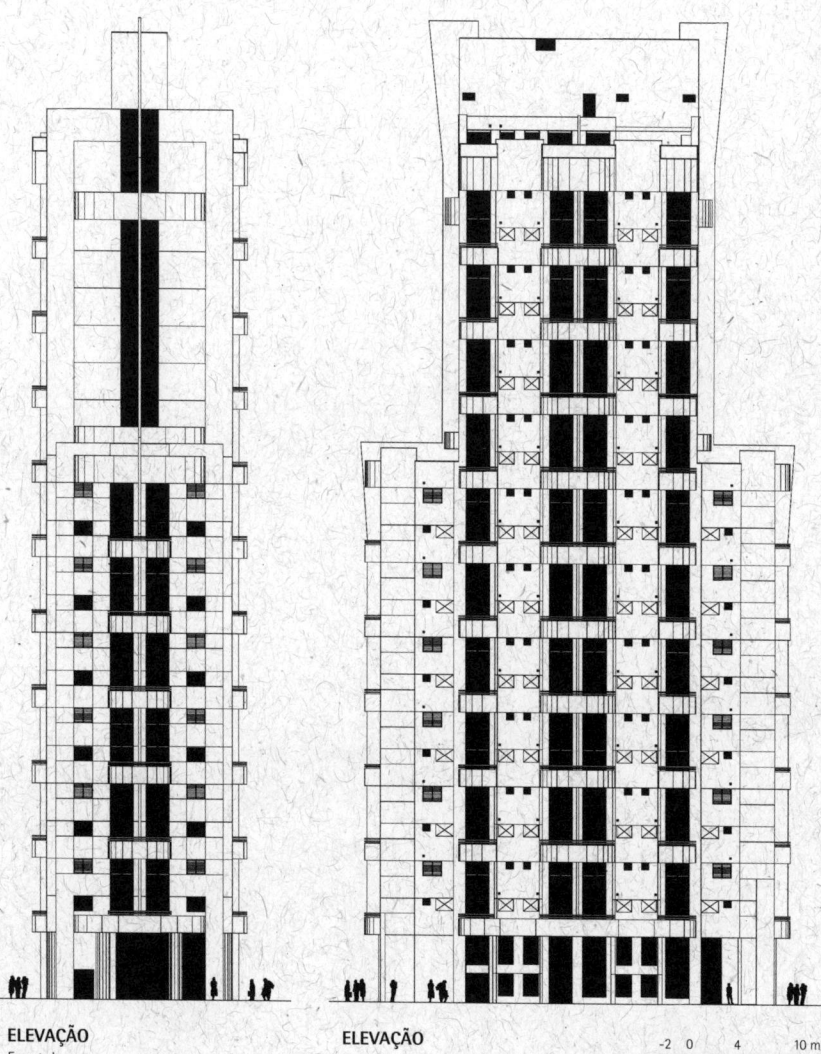

ELEVAÇÃO
Frontal

ELEVAÇÃO
Lateral esquerda

As instalações com tubulações de polietileno reticulado oferecem maior proteção às variações térmicas do sistema hidráulico.

Para a construtora e incorporadora InPar – parceira da EGC em vários projetos como o Day Flowers, no Morumbi, o Greenland, no Jabaquara, o Memphis Office, na Vila Olímpia além dos hotéis Formule 1 – o escalonamento em dois volumes deixa a construção com um número menor de pavimentos-tipos. Para os engenheiros, o ideal seria manter a repetição, pelo menos, em metade dos andares. Para obedecer a essa variação de volumetria, o projeto estrutural optou por dois processos: estrutura em concreto armado com lajes nervuradas e laje maciça recompensando a baixa repetição com tecnologia de construção civil como montagem industrial.

A tarefa de empilhar vinte e cinco lajes com total estabilidade, num lugar com consideráveis esforços

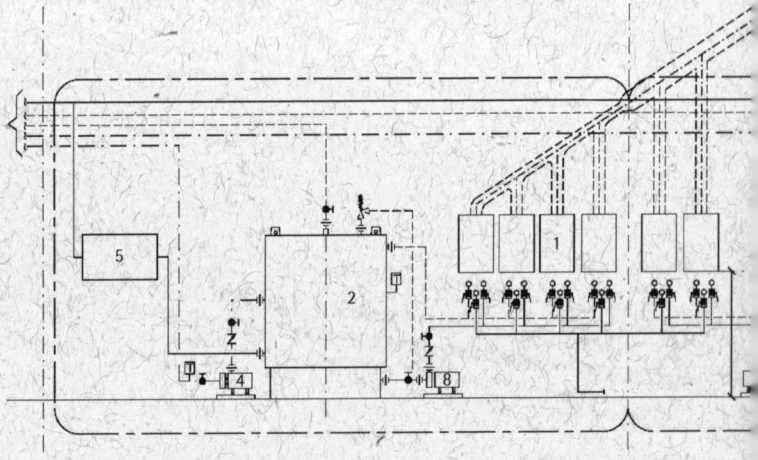

de vento horizontal exigiu o máximo do projeto de estrutura. As lajes em cubetas resistem mais às deformações e ainda favorecem baixos consumos de concreto e aço, com a vantagem de deixar o ambiente sem vigas, ou seja, com a laje plana. A laje interna do *duplex*, apoiada nos pilares das empenas frontal e de fundo, fórma pórticos planos com as vigas de borda absorvendo os esforços. Um núcleo central formado pelas caixas do elevador e da escada, que vem desde a fundação até o topo, ajuda a aumentar a rigidez. Assim as instalações podem ficar livres, sem interferências com a estrutura.

Na ala das instalações, o sistema de aquecimento central representa uma vantagem para o morador, que não precisa investir num aquecedor de passagem, gastando di-

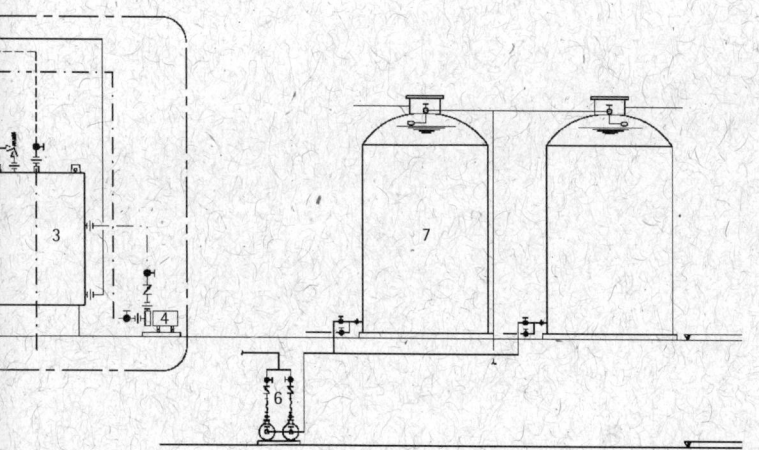

1. Aquecedores de passagem à gás.
2. Tanque de água quente do sistema baixo de pressão.
3. Tanque de água quente do sistema alto de pressão.
4. Bombas de retorno de água quente.
5. Válvula redutora de pressão.
6. Bombas de recalque de água potável.
7. Reservatórios de água potável.
8. Bombas de circuito primário e aquecimento.

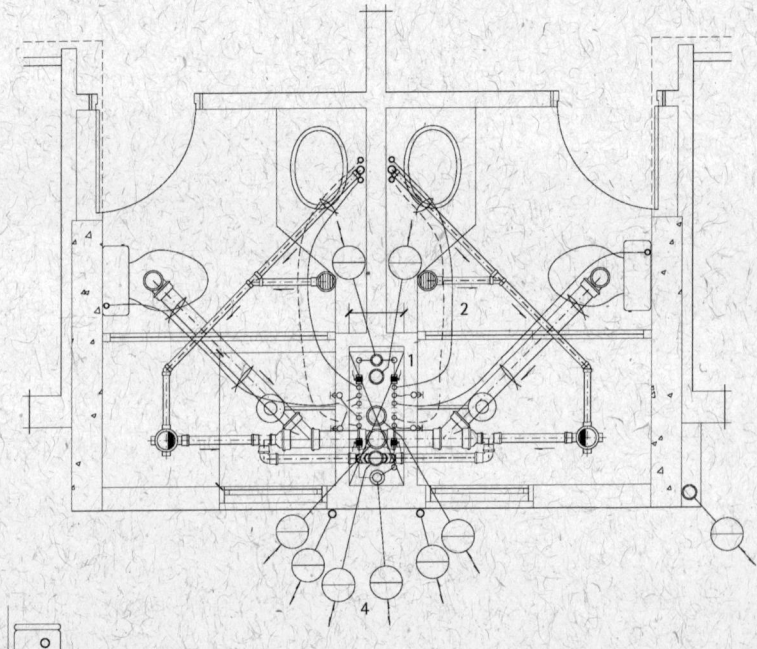

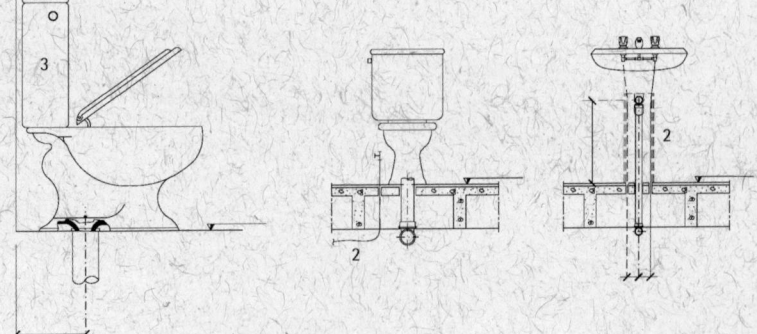

1. Shaft de instalações (prumada) com inspeção.
2. Tubos hidráulicos de água fria e quente em polietileno reticulado (PEX).
3. Bacias com caixas acopladas 6 L/função.
4. Prumadas hidráulicas.

nheiro e área privativa. No Top Tower um sistema combinado com tanque de acumulação, no térreo, faz com que a água chegue mais quente e mais rápido à torneira ou ao chuveiro, garantido por um sistema de retorno controlado por termostato. Isso elimina o desconforto provocado pelo aquecedor de passagem que, em geral, fica longe, e até chegar ao ponto, joga dez ou doze litros de água fria fora.

Vista do *shaft* de instalações visitável

1. Quadro de distribuição hidráulica.
2. Arranjos em PEX para alimentação das peças sanitárias, método ponto-a-ponto.

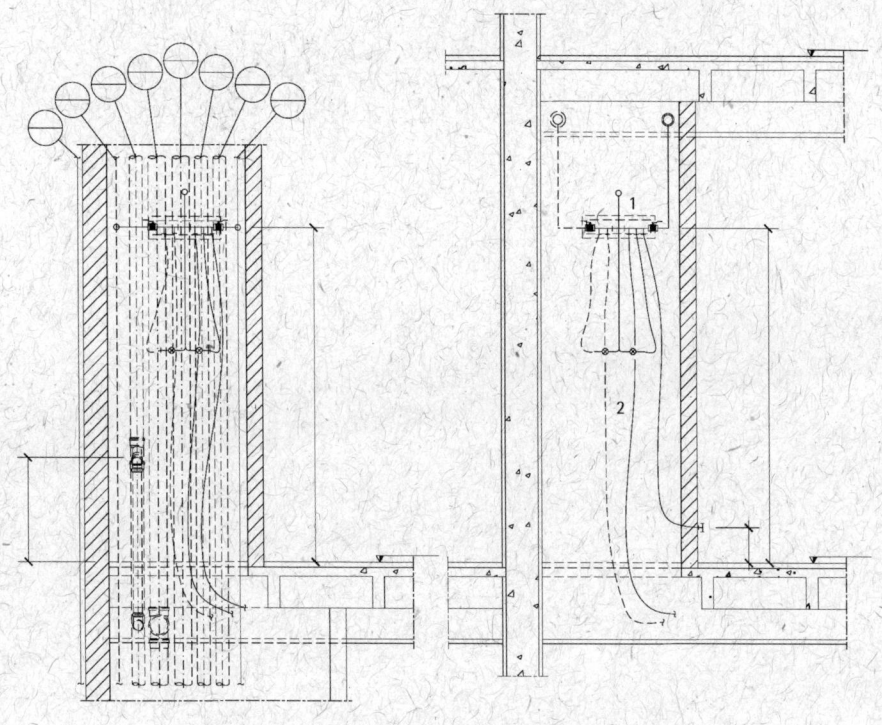

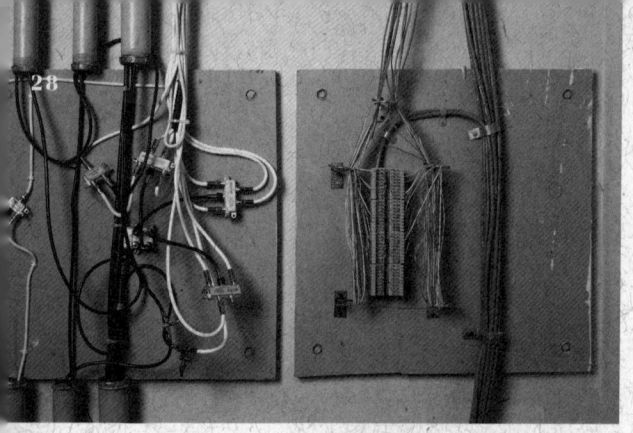

As instalções com tubulações de polietileno reticulado PEX oferecem maior resistência às variações térmicas do sistema hidráulico.

Graças aos medidores eletrônicos instalados nos andares, o morador pode contar com uma leitura mais precisa dos kW/h consumidos. Alimentados por derivação de um barramento blindado facilitam as modificações futuras ou junções de unidades além de reduzir a quase zero as margens de erro. As leituras, tomadas a partir de um ponto próximo à portaria, pelo lado externo do gradil, evita a entrada do leiturista da concessionária por medida de segurança. Para isso basta o acoplamento óptico do instrumento da concessionária à rede lógica de interligação dos 108 medidores.

A distribuição de eletrodutos pelo forro e pelas paredes de gesso aumenta a mobilidade das instalações, deixando os interruptores,

Medidores eletrônicos. Cada andar recebe uma instalação individual.
A flexibilidade das instalações propicia qualquer tipo de projeto luminotécnico.

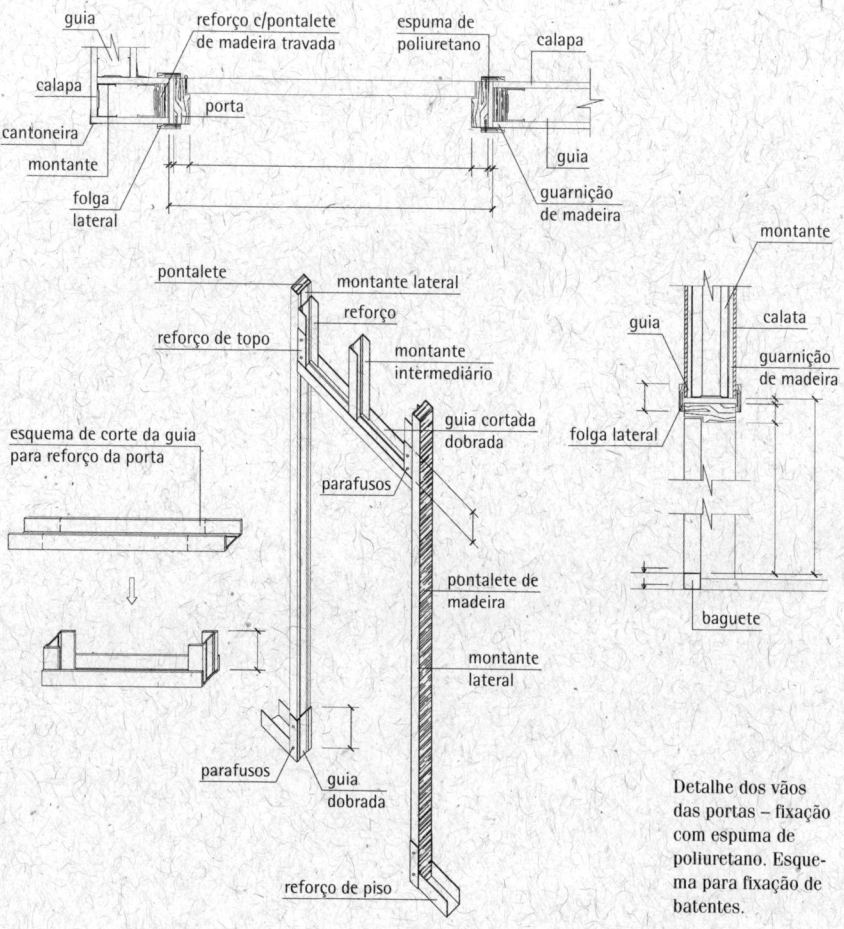

Detalhe dos vãos das portas – fixação com espuma de poliuretano. Esquema para fixação de batentes.

**Parede típica
dupla chapa.
Estrutura dupla.**

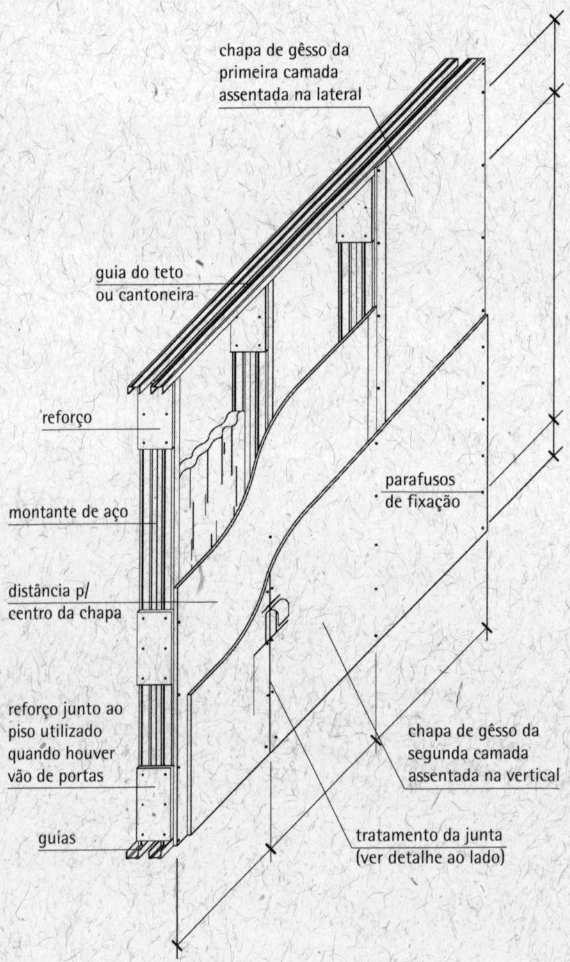

- chapa de gêsso da primeira camada assentada na lateral
- guia do teto ou cantoneira
- reforço
- montante de aço
- distância p/ centro da chapa
- reforço junto ao piso utilizado quando houver vão de portas
- guias
- parafusos de fixação
- chapa de gêsso da segunda camada assentada na vertical
- tratamento da junta (ver detalhe ao lado)

tomadas e luminárias livres às personalizações de cada projeto luminotécnico. As violentas quebras de paredes cedem lugar a pequenas aberturas nas placas de gesso, de simples reconstituição. Para a arquitetura, a alvenaria externa com modulação, exige detalhamento avançado do caminho das instalações, pontos e locais.

A união voluntária entre desenho sofisticado e custo de obra, um

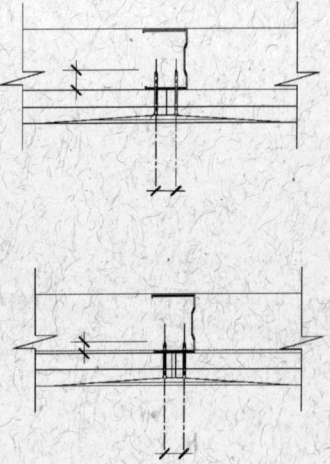

pouco acima da construção com índices maiores de repetições, acaba atraindo investimentos. Tanto que a fila de revenda sempre esteve lotada desde que o prédio foi entregue, em abril de 2002. O que empurra para as alturas um imóvel com esse perfil acaba sendo o preço da fração do lote, pois são escassos os terrenos nessas regiões de grande procura.

Para os engenheiros da construtora, além dos avanços nas tecnologias de estruturas e de fachadas, as vedações internas com gesso acartonado vêm provocando uma revolução nos sistemas construtivos locais. Há quem compare a reintrodução da parede de gesso em nosso ambiente construtivo com a revolução desencadeada pelo estabelecimento da tecnologia do concreto armado no Brasil, por volta de 1927.

Nas paredes contíguas aos apartamentos, foram usadas chapas duplas de gesso com lã de vidro em montantes de sete e nove centímetros. Um dos desafios foi vencer a altura do pé-direito duplo nos apartamentos mas a atenuação sonora obtida chegou a variar entre 42 a 45 decibéis. Para os arquitetos, falta pesquisar arquitetura no uso de painéis, mas a mudança conceitual trouxe influências sobre o desempenho da estrutura e dos sistemas elétricos e hidráulicos, livres das instalações embutidas.

Além de ajudar a diminuir o peso do objeto construído, a parede seca impõe outra maneira de trabalhar com a alvenaria. Mudam detalhes como a soleira da porta e os encaixes de pias. Nas áreas molhadas, para evitar que as águas provenientes de lavagem ou respingos penetrem pelo piso no interior dos painéis, embolorando ou deteriorando o gesso acartonado, foram utilizadas chapas resistentes à umidade. Para a EGC, uma vez

Fitness center

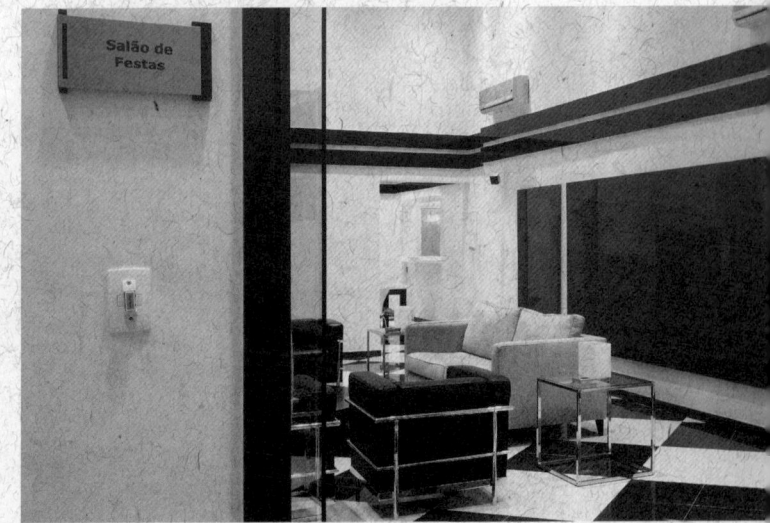

Salão de festas

consolidada essa tecnologia, sobra mais tempo para refinar a interface com calculistas, engenheiros de obras e paisagistas.

Desde o acesso com piso de granito preto andorinha ao *lobby* com pé-direito duplo e à piscina em estilo *rooftop*, os moradores usufruem de salões de festa, *home-theater*, jogos e forno à lenha.

No ático, que corresponde ao vigésimo segundo pavimento, ou *rooftop*, piscina, churrasqueira sob pergolado em forma orgânica, sala de *fitness* e bar formam outro conjunto de facilidades do edifício. Uma parede de equalização limpa a fachada e organiza o topo, deixando a piscina e as área de lazer, separadas da casa de máquinas, barriletes e churrasqueiras.

O escalonamento exige um cuidado maior com as transições no desenho da fachada: o volume inferior chega ao superior, buscando um efeito de marcação. Na prática, um bloco no miolo concentra

Rooftop: espaço dedicado aos esquipamentos de uso coletivo, piscina, *fitness center* e churrasqueira.

Saída lateral do edifício. Destaque para o projeto paisagístico de Martha Gavião.

as unidades de um dormitório, deixando os apartamentos de áreas maiores para as alas de fundo e testada do terreno. O volume superior aparece recuado do bloco das unidades de dois dormitórios, criando áreas externas de lazer nos apartamentos *singles* do décimo terceiro andar, com churrasqueira, balcão, banheira e solário.

Os terraços, as divisões entre os terraços e as área de serviço acompanham a prumada, sem nunca deixar a fachada cega como acontece com as janelas dos corredores da área comum, no volume superior. O avanço das lâminas seccionadas que marcam o encabeçamento e a transição do volume inferior ao superior reforça a idéia de pórtico escalonado. Na entrada, o projeto de paisagismo prevê uma paginação do piso que coloca as jardineiras a 45 graus da linha da testada para direcionar os fluxos de pessoas e induzir um outro olhar.

Esse conceito de paisagismo considera que a parte física dos pavimentos com a vegetação se dilua na arquitetura. Com o desenho de Martha Gavião, o paisagismo se estende por generosas áreas comuns, no térreo e na cobertura. O que fica, a parte construída, busca usar materiais como porcelanato no pisos que favorece a geometria retilínea. Foge da pedra que favorece a curva e o "artesanato". O "resto", a vegetação, o zelador, o síndico, o *manager* ou os mora-

dores mudam. No mais, plantas que agüentam o vento não tapam o sol nem o visual na cobertura, vegetação para fechar a área de vagas no térreo ou árvores e "bosquinhos" para aumentar a privacidade.

Nos interiores do edifício, escadas metálicas, com degraus de madeira unem a sala ao nível superior, com o bar embaixo, nas unidades de dois dormitórios. No apartamento de um dormitório um vão define a cozinha americana que atende à sala. No futuro, tamanha racionalização do espaço na planta vai exigir ainda mais pesquisa por parte dos arquitetos e mais planejamento dos investidores, enquanto a tecnologia busca responder aos ganhos e melhorias na execução construtiva. E os empreiteiros tenderão a considerar o canteiro como uma montagem civil com perícia para combinar sistemas estruturais que colocam a obra na ponta tecnológica daquele momento histórico.

36

Ficha Técnica do Projeto
Duplex Top Tower

Local: Rua Francisco Leitão, 115, Pinheiros
Data do projeto: 1998
Data de entrega da obra: 2002
Área do terreno: 1380 m²
Área construída: 9357 m²

Arquitetura: Elizabeth Goldfarb e
Wilson Marchi Júnior
Álvaro de Matos Tavares, Ricardo Hariki e
Marcelo Westermann (coordenação)
Adriana Chiba, Alexandre Delecrodi,
Yuri Oishi, Priscila Napolitano, Raquel Arima,
Dugahyr Carvalho, Renata Comin e Vanessa
Targino (equipe técnica)

Construção e incorporação: Inpar
Imobiliária: Abyara
Estrutura: Engest Engenharia
Estrutura metálica: Beltec
Fundações: Apoio
Instalações elétricas e hidráulicas:
Gera Engenharia
Paisagismo: Martha Gavião Paisagismo
Decoração: Marques Auada

EGC Arquitetura

A EGC Arquitetura, escritório voltado para o mercado imobiliário, dá seguimento à parceria entre Elizabeth Goldfarb e Wilson Marchi Júnior, arquitetos graduados pela Faculdade de Arquitetura e Urbanismo da Universidade de São Paulo.

Desde 1988, a EGC vem assumindo uma posição de referência no mercado, graças à rigorosa qualidade técnica e ao estilo inconfundível. Foi um dos primeiros escritórios brasileiros de arquitetura a receber o certificado ISO 9001, aprovado em abril de 2000 pela Lloyd´s Register Quality Assurance.

Em quase 350 projetos de empreendimentos e mais de 43 mil unidades habitacionais, hoteleiras e de serviços, a EGC busca agregar conceitos atualizados em cada detalhe. Os projetos da EGC tem como meta a satisfação do cliente, nas figuras do incorporador, do construtor, investidor ou morador.

A EGC recebeu, em 2002, o prêmio AsBea (Associação Brasileira dos Escritórios de Arquitetura), por dois projetos de *lofts* e, pela segunda vez, tem projetos expostos na Bienal Internacional de Arquitetura e Design de São Paulo.

Além do mercado habitacional popular, a EGC realiza projetos residenciais para as classes média e alta, edificações unifamiliares, institucionais e hoteleiras como os hotéis Formule 1 do grupo francês Accor, de categoria super-econômica.

A visão pluralista do escritório tende a considerar o projeto arquitetônico, uma etapa dentro do conjunto da cadeia produtiva, extraindo o máximo da previsibilidade nas seqüências de montagem da obra. A qualidade técnica e a fidelidade aos conceitos – da concepção ao detalhe – procuram baixar ao mínimo as taxas de pós-projeto (os retornos para complementação ou alterações), elevando a produtividade, na fase de construção.

Essa economia na troca das informações propicia vantagens na qualidade visual, volumetria e maximização dos espaços internos do projeto. Tanto nas unidades menores – que demandam funcionalidade e adequação ao mobiliário – como nas moradias para a classe média urbana – que exigem novos conceitos de viver com a introdução de *lofts* e *lounges* ou a reciclagem de antigos usos em espaços comuns e térreos – o papel de um projeto não pode ser negligenciado.

Nos últimos anos, a EGC tem sido procurada para desenvolver produtos para um morador mais jovem, mais informado, com estilos de vida alternativos e configurações familiares diferentes do núcleo convencional, como no caso do Duplex Top Tower. Com isso, a equipe teve de aprimorar estilos de comunicações e tornar ainda mais efetivas as trocas entre o incorporador, o construtor ou os diversos agentes envolvidos nas várias etapas da execução de um empreendimento.

A arquiteta Elizabeth Goldfarb, uma das poucas mulheres à frente de um escritório paulistano de grande escala, nasceu em São Paulo em 1953. Graduada em 1975, fez pós em Estruturas Ambientais Urbanas na FAUUSP com uma pesquisa sobre intervenção do comércio ambulante, publicado em 1989 pela editora Stella e Edusp com o título *Anel, Cordão, Perfume Barato: uma Leitura do Espaço do Comércio Ambulante na Cidade de São Paulo*.

Elizabeth lecionou na Faculdade de Arquitetura e Urbanismo da Pontifícia Universidade Católica de Campinas, na cadeira de Desenho do Objeto e foi orientadora de trabalhos de graduação interdisciplinar, entre 1977 e 1984. Estagiou e trabalhou em vários escritórios de arquitetura como os de Cândido Malta Campos Filho, Rafael Perrone, Anete Rosemberg Ring e Carlos Zibel Costa. Foi gerente de projetos da construtora Itapoã, quatro anos antes de fundar a EGC Planejamento e Projetos.

Até 2003 foi vice-presidente da AsBea, cargo que ocupou desde 1996, representando a entidade na Federação do Comércio, entre 1998 e 2000, na Associação Comercial de São Paulo e nos debates do Plano Diretor, em 1997.

Em 2001, formalizou a sociedade com o arquiteto Wilson Marchi Júnior. Natural de Sorocaba, Marchi concluiu o curso na Faculdade de Arquitetura e Urbanismo da Universidade de São Paulo em 1991. Recebeu menção honrosa pelo trabalho de graduação sobre requalificação urbana e implantação de subprefeitura e teatro no bairro de Pinheiros, no prêmio Ópera Prima da Paviflex, em 1992.

Estagiou na construtora Passafini & Panossian no município de Salto-SP, entre 1983 e 1987, com participação como desenhista no projeto do Instituto da Mulher, entre outros edifícios residenciais em Salto.

Em 1992, entrou no escritório da EGC, co-desenvolvendo inúmeros projetos de edifícios, conjuntos residenciais, edifícios de escritórios e hoteleiros e, em 2001, fixou a sociedade no escritório de Elizabeth Goldfarb, que passa a chamar EGC Arquitetura.

Wilson Marchi Jr. e
Elizabeth Goldfarb

1989 **Ville Helene**, 12.821 m², R. Itapiru, 224, São Paulo-SP. Tati/Tael

1989 **Itália 2000**, 17.766 m², R. Desembargador Aragão, São Paulo-SP. Goldfarb

1990 **Europa**, 3.604 m², R. da Mooca, São Paulo-SP. Lello

1990 **Morumbi Sul Shopping**, 2.312 m², R. Nsa. Sra. do Bom Conselho, São Paulo-SP. Gafisa

1990 **Coral Glabes**, 15.316 m², R. Capitão Rosendo, São Paulo-SP. Goldfarb

1991 **Residencial Bosque das Flores**, 10.788 m², Av. Armando Italo Setti, S. Bernardo do Campo-SP. Goldfarb

1991 **Ibirapuera Office Center**, 3.913 m², Rua Juquis, São Paulo-SP. Sinal Verde

1991 **Condomínio New Star**, 4.601 m², Av. Pery Ronchetti, 1.650, São Paulo-SP. Coneng

1992 **Itaim Tower**, 6.156 m², R. Urussuí, São Paulo-SP. Goldfarb

1992 **Praça Camargo Guarnieri**, 5.832 m², Av. Santo Amaro, São Paulo-SP. Gafisa

1992 **Escola EEPSG Benedito Tavares**, 2.632 m², Franco da Rocha-SP. Fundap Desenvolvimento da Educação

1993 **Villaggio San Remo**, 46.537 m², R. David Eid, São Paulo-SP. Rossi Residencial – Plano 100

1993 **Michigan**, 8.382 m², R. Conselheiro Brotero, São Paulo-SP. Goldfarb/CGN

1993 **Alto das Perdizes**, 12.933 m², R. Iperoig, 690, São Paulo-SP. Gafisa

1994 **Villagio di Asti**, 22.290 m², R. da Fonte, Sto. André-SP. Rossi Residencial – Plano 100

1994 **Bourdeaux e Biarritz**, 23.265 m², R. Harmonia, Pinheiros, São Paulo-SP. Goldfarb/CGN

1994 **Greenland**, 7.716 m², R. Apotribu, 112, São Paulo-SP. Inpar

1994 **Solar das Canelhas**, 11.671 m², R. Br. do Bananal, 490, São Paulo-SP. Goldfarb

1995 **Metropolitan Office Center**, 4.306 m², R. Fagundes Filho, 367, São Paulo-SP. Sinal Verde

1995 **Alamedas Evolution Home**, 10.283 m², R. Itapeva, São Paulo-SP. Mencasa

1995 **Residencial Porto Seguro**, 63.700 m², Av. Loreto, Sto. André-SP. Mattar & Nicolau

1995 **Central Station**, 9.876 m², Av. Guilherme Dumont Villares, 1.145, São Paulo-SP. Goldfarb

1995 **New Classic Home Pinheiros**, 7.036 m², R. Cônego Eugênio Leite, 594, São Paulo-SP. Shpaisman

1995 **Condomínio Novo Horizonte**, 7.896 m², R. Bucuituba, São Paulo-SP. Francisco Alves

1995 **Parthenon Royal Park**, 21.324 m², R. Nelson Hungria, São Paulo-SP. CGN

1996 **Interative Flat**, 6.873 m², R. José Maria Lisboa, São Paulo-SP. Gafisa

1996 **Condomínio Itália**, 14.482 m²,

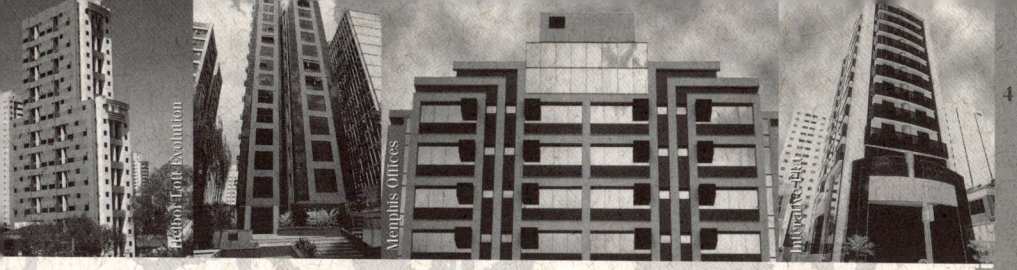

Avenida Guilherme, São Paulo-SP. Goldfarb

1996 **Montana Gardens**, 30.501 m², Av. Anastácio, São Paulo-SP. Rossi Residencial – Plano 100

1996 **Moema Advanced Home**, 10.254 m², Av. Moaci, 534, São Paulo-SP. Tecnisa

1997 **Meliá Confort Itaim**, 8.364 m², R. Manoel Guedes, São Paulo-SP. Gafisa

1997 **Ibirapuera Gardens**, 20.989 m², R. Agostinho Rodrigues Filho, São Paulo-SP. Tati/Tael

1997 **Projeto Viver**, 126.291 m², Av. Celso Garcia, São Paulo-SP. Inpar

1997 **Fontana di Trevi**, 14.811 m², R. Mogi Mirim, São Paulo-SP. Incosul

1997 **Condomínio Holanda**, 12.206 m², R. Eugênio Lorenzetti, São Paulo-SP. Goldfarb

1997 **Duplex Home Pinheiros**, 10.141 m², R. Alves Guimarães, Pinheiros, São Paulo-SP. Diálogo/Incosul

1998 **Torre di Firenze**, 4.787 m², R. Br. do Bananal, São Paulo-SP. Terepins & Kalili/Zabo

1998 **Brooklin Self Project**, 9.132 m², Av. Portugal, São Paulo-SP. Francisco Fillipo

1999 **Loft Evolution**, Pça. Benedito Calixto, Pinheiros, São Paulo-SP. Helbor

1999 **Sport's Garden Tatuapé**, 22.641 m², R. Cantagalo, São Paulo-SP. Inpar

1999 **Kaimana**, 9.358 m², R. Três Irmãos, São Paulo-SP. Koema

1999 **Maison Monet**, 6.823 m², R. Irineu Marinho com São Benedito, São Paulo-SP. Tecnicorp

1999 **Tequest Point I**, 8.377 m², R. Castro Alves, São Paulo-SP. Concord

2000 **Reserva Ibatyba**, 62.421 m², Av. Utinga, São Paulo-SP. Patrimônio

2000 **Residencial Alto da Lapa**, 30.500 m², R. Guaipá, São Paulo-SP. Conceito/Tricury

2000 **Formule 1 Jardins**, 10.611 m², Av. Nove de Julho, São Paulo-SP. Inpar

2000 **Vincetori Condominium**, 30.758 m², Av. Adolfo Pinheiro, São Paulo-SP. Schain

2001 **Saint James Special Houses**, 4.856 m², Av. Vereador José Diniz com Rua Bernardino de Campos, São Paulo-SP. Diálogo

2001 **Duplex Oggi**, 13.541 m², R. Cotoxó, Perdizes, São Paulo-SP. Tati/Tael

2001 **Modern House Brooklin**, 12.404 m², R. Padre Antônio José dos Santos, São Paulo-SP. Feller

2001 **Loft Evolution II**, 7.364 m², R. Mourato Coelho, São Paulo-SP. Helbor

2001 **Residencial Japão**, 10.925 m², R. Bento Vieira, São Paulo-SP. Dissei

2001 **Liberty Village**, 15.395 m², R. Diogo Gomes Carneiro, Jardim Educandário, São Paulo-SP. Gafisa

2001 **Maison du Parc**, 13.340 m², R. Cons. Antonio Prado, Guarulhos-SP. Incosul

2002 **Palazzo Reale**, 7.493 m², R. Tijuco Preto, São Paulo-SP. Kallas

2002 **Portal Marajoara**, 29.645 m², R. Quararibéia, São Paulo-SP. Tecnicorp

2002 **Loft Evolution Itaim**, 12.000 m², R. Uruçuí, São Paulo-SP. Helbor/Incosul

2002 **Quatro Estações**, 22.512 m², Av. Ajarani, 547, São Paulo-SP. Gafisa

2002 **Special Home Tatuapé**, 24.035 m², R. Serra de Bragança, 855, São Paulo-SP. Diálogo

2003 **Home Flex Itaim**, 9.536 m², R. Fadlo Haidar, São Paulo-SP. Helbor/Consman

2003 **La Unitá Company – Jardins**, 11.235 m², R. Alves Guimarães, 470, São Paulo-SP. Helbor/Company

2003 **Victory Point**, 12.179 m², R. Jorge Tibiriçá, São Paulo-SP. Concord/Gafisa

2003 **Formule 1 Down Town**, 8.528 m², Av. São João, São Paulo-SP. Inpar

2003 **Sport Garden Ipiranga**, 16.468 m², R. Teodoro de Beaurepaire, 197, São Paulo-SP. Inpar

2003 **Reserva das Palmeiras**, 21.718 m², R. Alexandre Levi, 150, São Paulo-SP. Gafisa

2003 **Condomínio Esporte & Vida Tatuapé**, 26.546 m², Rua Serra de Bragança, 953, São Paulo-SP. Diálogo/Itanguá

Patrocínio

Título
Arquitetura Comentada
EGC Arquitetura – Novas Tecnologias
Duplex Top Tower

Texto
Renato Schroeder

Consultoria
Wilson Marchi Júnior (EGC), Luiz Henrique Ceotto (InPar), arquiteta Martha Gavião, Celso Cortez (Engest) e Erlon Pereira (Gera) e Luiz Paulo Pompéia (Embraesp)

Editorial
GIRO Consultoria em Projetos Culturais

Projeto Gráfico
© 2003 Marcelo Mario Design

Fotografias
Nelson Kon

Croquis
Wilson Marchi Júnior

Desenhos
DP+G Arquitetura e Engenharia S/C Ltda.

Desenhos Técnicos
Marco Addor (paredes com gesso acartonado) e GERA Engenharia (hidráulica)

Revisão
Ateliê Editorial

Pré-impressão
Gráfica e Editora Stampato

Impressão e Acabamento
Lis Gráfica

InPar

Ajudar a construir o futuro é uma responsabilidade que a InPar faz questão de assumir, com a competência e a seriedade que fazem de sua marca uma das mais respeitadas do mercado.

A começar por sua equipe de profissionais, altamente qualificada, a InPar investe constantemente em treinamento, aperfeiçoamento e também em novas tecnologias, com o objetivo de fornecer sempre a melhor relação custo-benefício, o melhor produto e o atendimento mais completo a seus clientes, antes, durante e depois da venda. Seja de um empreendimento residencial, comercial, hotel ou flat ou de grandes complexos mixed use. O reconhecimento desse trabalho comprometido com o cliente já resultou em vários prêmios Master, Top Imobiliário e o Grande Prêmio de Qualidade Imobiliária por dois anos consecutivos, em 2002 e 2003, como a melhor incorporadora de São Paulo na opinião de moradores e de proprietários de imóveis. Para a InPar o maior prêmio continua sendo ajudar a construir o futuro do jeito que alguém sonhou um dia.

Abyara

A Abyara tem o prazer de participar de iniciativas culturais que promovam a difusão do conhecimento; como esta edição da Coleção "Arquitetura Comentada", que traz o empreendimento Top Tower projetado pelo escritório EGC Arquitetura. Acreditamos que uma história de sucesso e de realização é construída com projetos inovadores. É assim que a Abyara procura desenvolver cada um dos seus projetos, sempre com total comprometimento nos resultados para os seus clientes.